AF316940

DESTINATIONS UNIQUES À TRAVERS LE MONDE

Destinations uniques à travers le monde

Destinations uniques à travers le monde

B. VINCENT

QuantumQuill Press

CONTENTS

Introduction : Embrasser Le Voyage Vers L'invisible Et L'inconnu   1

1 Europe : une tapisserie de joyaux cachés   4

2 Asie : où l'ancien rencontre le moderne   7

3 Afrique : au-delà des sentiers battus   10

4 Les Amériques : un voyage à travers l'inexploré   13

5 Océanie : à la découverte de l'inexploré   16

Conclusion : Réfléchir Sur Un Chemin Inexploré   19

Annexes   21

Introduction : Embrasser le voyage vers l'invisible et l'inconnu

Dans un monde débordant d'envie d'expériences nouvelles, où les réverbérations des pas se font entendre dans les coins les plus reculés, il existe une voie moins piétinée, serpentant à travers le monde caché et inexploré. Ce livre est un hommage à cette voie, une aide pour l'esprit désireux de se libérer du reconnaissable et de plonger dans les profondeurs de l'inconnu. Il s'adresse à ceux qui cherchent à considérer le monde tel qu'il est et à le rencontrer dans sa structure généralement brute et non filtrée.

Le charme de la direction moins commune

La direction la moins courante n'est pas simplement un chemin ; une excursion met l'âme au défi et fait briller l'esprit créatif. À l'ère du divertissement sur le Web, où chaque trésor improbable semble avoir été découvert, la mission des objections particulières se transforme en une quête plus profonde d'importance et d'association. Là, l'histoire passe de la quantité de likes aux changements individuels qui se produisent lorsque l'on se retrouve dans un nouveau pays, où chaque sens est en éveil et où chaque seconde contient l'engagement d'une autre révélation.

L'avantage d'enquêter sur le nouveau

Enquêter sur le nouveau est une pratique de modestie et de développement. Il nous apprend que la magnificence et le miracle ne vivent pas exclusivement dans les lieux célébrés par les cartes postales et les guides de voyage. Toutes choses étant égales par ailleurs, ils prospèrent dans les coins calmes du monde, dans les récits d'individus qui ont vu la marche du temps et la danse des composants, mais restent immaculés par la fureur du progrès. Ces objections offrent une véritable escapade ainsi qu'une entrée dans une réalité où le temps évolue de manière inattendue, nous invitant à revenir en arrière, à réfléchir et peut-être à redécouvrir des parties de nous-mêmes perdues dans le tumulte de la vie quotidienne.

Trouver de la sorcellerie dans les limites

Ce livre vous emmène dans un voyage aux confins du guide, là où réside réellement la magie de la divulgation. Cela est lié à une errance au cœur de l'Europe de l'Est, où de vieux palais murmurent des histoires d'époques révolues dans un décor de pentes mouvantes et de forêts spiritualistes. Cela est lié à la recherche des aurores boréales en Scandinavie, où le ciel se transforme en matériau pour le spectacle de lumière le plus époustouflant de la nature. Cela est lié à la recherche du confort sur les îles les moins populaires de la Méditerranée, où l'océan chante au coucher les chants des anciennes civilisations.

L'excursion à l'intérieur

Quoi qu'il en soit, les révélations les plus significatives de cette excursion ne concernent peut-être pas seulement les endroits que nous visitons. Il s'agit de l'apparition dans le reflet de notre esprit lorsque nous sortons de nos gammes habituelles de familiarité. Il s'agit des liens tissés dans le feu des rencontres partagées, de la considération des étrangers qui deviennent les surveillants de nos souvenirs et de la reconnaissance que le monde est indéniablement plus magnifique et plus complexe que ce que nous aurions pu imaginer à un moment donné.

Un défi à vivre

Cette présentation est une salutation – un défi de regarder vers l'au-delà, de rechercher l'excellence dans l'ombre et les histoires dans le calme. C'est une consolation de sortir de ce à quoi on pourrait s'attendre, en tant qu'explorateur, mais en tant que chercheur de la horde d'informations que les mensonges retiennent dans les recoins secrets de la planète.

En tournant ces pages, laissez chaque mot être une étape de votre propre excursion vers le caché et l'obscur. Permettez à ce livre d'être une boussole qui vous dirige au cœur de ce que signifie véritablement enquêter - se lancer dans un voyage qui vous mènera à travers le monde, mais en plus profond dans le cœur de votre âme courageuse.

Préparez-vous à partir pour cette excursion, à embrasser la direction la moins courante et à trouver les objections spéciales qui s'annoncent sur toute la planète.

| 1 |

Europe : une tapisserie de joyaux cachés

L'Europe, avec sa riche histoire et ses scènes différentes, offre une mosaïque de miracles sociaux et réguliers. Au-delà de ses capitales populaires se trouve une mine d'or d'objections moins populaires, chacune ayant une histoire particulière à raconter. Cette partie explore les trésors inattendus mais inestimables de l'Europe de l'Est, les particularités régulières de la Scandinavie et les îles sereines de la Méditerranée, affichant la magnificence qui anticipe l'explorateur curieux capable d'errer au-delà de ce à quoi on pourrait s'attendre.

2.1 Les trésors improbables de l'Europe de l'Est

L'Europe de l'Est est un domaine où l'histoire et la culture s'entremêlent au milieu de scènes qui suscitent à la fois l'émerveillement et la réflexion. Ici, les vieux palais font office de sentinelles sur les terres qui ont vu la division des royaumes, tandis que l'éclat de ses ancêtres vous accueille dans une existence où la coutume et le progrès ne font qu'un.

• Lviv, Ukraine : Souvent éclipsée par ses plus grands partenaires, Lviv est une ville où l'artisanat, la culture et l'histoire se combinent dans une mosaïque énergique. Sa vieille ville, classée au patrimoine mondial de l'UNESCO, est une démonstration de splendeur structurelle, avec des impacts allant de la Renaissance à l'artisanat nouveau. Des bistrots et des librairies bordent ses rues pavées, accueillant les clients pour découvrir l'esprit de cordialité ukrainienne.

• Sibiu, Roumanie : Installée au cœur de la Transylvanie, Sibiu est une ville où histoires anciennes et innovation se mélangent constamment. Ses murs et ses pinacles du Moyen Âge témoignent de légendes très anciennes, tandis que ses places énergiques et ses célébrations saluent la persévérance du public roumain. Les montagnes des Carpates à proximité offrent une pause dans la nature, avec des sentiers offrant des vues imprenables et des villes isolées.

• Cloître de Rila , Bulgarie : Nichée dans les paisibles montagnes de Rila , la communauté religieuse de Rila est un refuge profond connu pour ses fresques éblouissantes et son design byzantin. Ce site du patrimoine mondial de l'UNESCO n'est pas simplement une position de stricte importance ; c'est une fenêtre sur l'esprit de la Bulgarie, offrant sérénité et motivation à tous ceux qui la visitent.

2.2 Aurores boréales et plus encore : Scandinavie

La Scandinavie est un endroit connu pour ses contrastes, où le soleil de midi rencontre le brouillard de l'hiver, créant des expositions normales qui attirent les explorateurs du monde entier. Au-delà du charme des aurores boréales, ce quartier affiche des scènes allant des bois verdoyants aux rivages accidentés, chacune offrant des rencontres exceptionnelles pour les âmes courageuses.

• Îles Lofoten , Norvège : Les îles Lofoten sont un mélange émotionnel de sommets montagneux, de fjords profonds et de villes de pêcheurs qui semblent s'opposer aux éléments. Ici, les aurores boréales dansent dans le ciel en hiver, tandis que l'été apporte de vastes journées et d'incroyables portes ouvertes pour l'escalade, la pêche et l'exploration de la nature vierge.

• Abisko , Suède : Connu comme étant peut-être le meilleur endroit au monde pour observer les aurores boréales, Abisko est également un refuge pour les amateurs de plein air. Son parc public propose des sentiers qui parcourent des scènes nordiques impeccables, avec des opportunités de reconnaître la vie naturelle et de découvrir la culture sami.

• Parc public de Koli, Finlande : le parc public de Koli est une scène de pentes mouvantes et de lacs clairs qui a suscité l'intérêt de nombreux artisans et écrivains finlandais. C'est là que le calme est un langage, accueillant les invités à s'associer à la nature à travers l'escalade, le ski ou, tout simplement, en profitant des perspectives globales depuis la pente d'Ukko-Koli.

2.3 Les îles les moins populaires de la Méditerranée

L'océan Méditerranée est parsemé d'îles qui sont des univers indépendamment de l'opinion des autres, chacune offrant un nouveau mélange d'histoire, de culture et de beauté naturelle. Au-delà des objections les plus souvent foulées aux pieds, il est des îles où la vie bouge au rythme de l'océan, offrant un bref aperçu de l'âme méditerranéenne.

• Vis, Croatie : loin des hordes de Dubrovnik et de Divide se trouve l'île de Vis, un diamant qui a conservé son attrait originel. Connue pour ses rivages époustouflants, ses eaux parfaitement claires et ses poissons délicieux, Vis est une maison sûre pour ceux qui recherchent confort et crédibilité.

• Pantelleria , Italie : Plus proche de l'Afrique que de la zone centrale italienne, Pantelleria est une île d'une magnificence sauvage, connue pour ses scènes volcaniques, ses sources chaudes et ses champs d'escapade. C'est là que la simplicité est la quintessence de l'extravagance, invitant les clients à se plonger dans la sérénité de la vie méditerranéenne.

• Sifnos, Grèce : Avec ses villes blanchies à la chaux, ses océans céruléens et ses délices culinaires, Sifnos incarne la quintessence du charme des îles grecques. Loin de l'agitation des zones d'intérêt touristique, il offre un refuge tranquille avec des plages immaculées, des sentiers d'escalade et un riche héritage social.

| 2 |

Asie : où l'ancien rencontre le moderne

L'Asie, une masse continentale d'une diversité inégalée, offre un mélange d'histoire, de culture et de splendeur normale qui séduit l'esprit de chaque voyageur. Des rivages paisibles et des tas accidentés de l'Asie du Sud-Est aux vieilles communautés urbaines et aux scènes immenses de l'Asie Focale, en passant par les fortunes sociales invisibles du Centre-Est, l'Asie présente une broderie de rencontres qui époustouflent certains.

3.1 Les rivages et les montagnes mystérieuses de l'Asie du Sud-Est

L'Asie du Sud-Est est célèbre pour ses sociétés dynamiques, ses scènes riches et ses destinations vérifiables. Au-delà des lieux remarquables s'étend un univers de trésors improbables où règnent quiétude et excellence.

• El Nido , Palawan, Philippines : Fréquemment connue pour ses eaux parfaitement claires et ses magnifiques précipices calcaires, El Nido offre bien plus d'activités qu'il n'y paraît immédiatement. Des étangs de marée secrets, des rivages marins secrets et des récifs coralliens immaculés offrent un refuge à ceux qui recherchent l'isolement et l'expérience.

• Luang Prabang, Laos : Cette ville classée au patrimoine mondial de l'UNESCO est un mélange de maisons en bois laotiennes traditionnelles et d'ingénierie frontalière européenne, située à la jonction des cours d'eau du Mékong et de Nam Khan. Au-delà de son excellence tranquille, Luang Prabang est une porte vers les cascades locales, les cavernes et les villes ethniques.

• Hsipaw, Myanmar : Loin des sentiers touristiques, Hsipaw offre un aperçu légitime de la vie à la campagne birmane. En parcourant les pentes environnantes, vous découvrirez des cascades, des aquifères naturels et d'anciennes pagodes, avec la possibilité potentielle de rester dans les villes voisines.

3.2 Zones et scènes urbaines désuètes de Focal Asia

L'Asie focale, avec ses immenses steppes et ses anciennes communautés urbaines, est une région où l'histoire entre en scène. Ici, les voyageurs peuvent remonter le temps et enquêter sur les vestiges de la rue de la soie qui associait autrefois l'Orient et l'Occident.

• Samarkand, Ouzbékistan : Samarkand est une ville où l'histoire se réveille, avec son ingénierie islamique stupéfiante et ses anciennes voies de navigation. La place du Registan, avec ses trois madrasas, est un élément marquant de l'importance vérifiable de la ville et de l'excellence de son design.

• Almaty, Kazakhstan : Installée dans les régions inférieures des montagnes Trans-Ili Alatau, Almaty est une ville où l'innovation et la nature cohabitent. Le Charyn Gulch voisin offre un départ caractéristique, avec des vues choquantes et des développements en pierre remarquables.

• Pamir Thruway, Tadjikistan : l'une des routes les plus grandioses au monde, la Pamir Roadway traverse les paysages difficiles des montagnes du Pamir. Il offre une excursion remarquable à travers des villes lointaines, des lacs de haute altitude et certaines des vues les plus fantastiques de la planète.

3.3 Les fortunes sociales invisibles du Centre-Est

Le Centre-Est est un support de civilisations, où s'entrelacent histoire ancienne et vie contemporaine. Au-delà des titres, le lieu affiche

des fortunes sociales et des réflexions normales qui restent généralement invisibles dans le monde plus vaste.

• Masse continentale de Musandam, Oman : Fréquemment appelé
la « Norvège de l'Arabie », le promontoire de Musandam est célèbre
pour ses khors en forme de fjord, ses eaux complètement claires et son
paysage montagneux émotionnel. Les voyages en boutre offrent un
point de vue exceptionnel sur ce paysage époustouflant.

• Mardin, Turquie : Perchée sur une pente au-dessus des champs
mésopotamiens, Mardin est une ville où les structures en pierre et les
routes sinueuses racontent le récit de son héritage social différent. C'est
là que l'histoire est vivante dans le design, la nourriture et les coutumes.

• Île de Socotra, Yémen : Connue sous le nom de « Galapagos de
la mer Indienne », l'île de Socotra abrite une verdure unique en son
genre, notamment le célèbre arbre sanguinaire de la bête mythique.
Son isolement a sauvegardé un système biologique unique en son genre
et un mode de vie qui est une fenêtre sur la variété de la nature.

| 3 |

Afrique : au-delà des sentiers battus

L'Afrique, une masse continentale d'une variété et d'une magnificence étonnantes, offre bien plus que les safaris très foulés et les scènes superbes fréquemment présentées dans les documents de mouvement. Cette section fouille au cœur des objections les moins populaires de l'Afrique, en étudiant les entreprises qui prennent une direction inattendue et qui anticipent ceux qui sont capables d'errer au-delà de la nature. Des safaris isolés aux paradis insulaires en passant par les déserts et les sociétés hypnotisantes du Nord, les trésors inattendus mais inestimables de l'Afrique sont une démonstration de la richesse et de la diversité des rencontres de ce continent.

4.1 Safari Au-delà de ce à quoi on pourrait s'attendre : au-delà des Big Five

Alors que l'Afrique est indissociable des projets de safari, il existe un monde au-delà des célèbres magasins où la nature sauvage vous accueille dans une ambiance chaleureuse sur la piste de danse avec la nature, loin des groupes.

• Parc public de Mana Pools, Zimbabwe : classé au patrimoine mondial de l'UNESCO, Mana Pools est prestigieux pour son excellence normale et sa grande variété de vie naturelle. Son paysage exceptionnel, représenté par des forêts riveraines, d'énormes plaines inondables et le fond de la voie navigable du Zambèze, offre l'une des plus belles rencontres de safari du continent, avec des portes ouvertes pour des safaris à pied et du kayak.

• Parc public de Liuwa Plain, Zambie : très populaire pour son merveilleux mouvement de gnous, Liuwa Plain est un trésor improbable qui offre une expérience privilégiée avec la nature. Les immenses savanes ouvertes de la zone de loisirs abritent une riche broderie d'oiseaux et de créatures, rappelant le deuxième plus grand mouvement de gnous en Afrique, offrant une expérience de safari à la fois individuelle et significative.

• Parc public de Gonarezhou, Zimbabwe : signifiant « endroit des éléphants », Gonarezhou est essentiel pour l'incomparable parc transfrontalier du Limpopo . C'est un endroit connu pour sa magnificence immaculée, avec ses baobabs transcendants, ses précipices de grès et sa richesse en vie naturelle. Le paysage accidenté de la zone de loisirs offre une expérience de safari à ceux qui recherchent l'isolement et l'expérience.

4.2 Paradis insulaires de la mer Indienne

La mer Indienne est parsemée d'îles qui offrent une parenthèse dans des décors paradisiaques où le rythme de l'océan rythme la vie.

• Intrusive Be, Madagascar : au large de la rive nord-ouest de Madagascar, Meddling Be est une île de lacs volcaniques, de somptueux manoirs d'ylang et de riches récifs coralliens. Connue sous le nom de « l'île aux parfums », ses eaux chaudes et ses environnements variés en font un objectif idéal pour ceux qui espèrent sauter, pêcher ou simplement s'imprégner du climat paisible de l'île.

• Lamu, Kenya : Lamu, un site du patrimoine mondial de l'UNESCO, est la ville vivante la plus ancienne du Kenya, offrant un bref aperçu de la culture swahili extrêmement ancienne. Avec ses routes sans véhicules, ses boutres conventionnels naviguant dans le port et ses magnifiques rivages, Lamu offre une retraite tranquille dans une vie plus lente.

• Île de Mnemba , Tanzanie : L'île de Mnemba est une île restrictive entourée par les eaux bleues raisonnables de la mer Indienne. Son atoll de corail est célèbre pour son fantastique potentiel de nage et de saut, avec des récifs coralliens florissants et une riche vie marine qui intègre des requins baleines et des dauphins.

4.3 Les déserts et les sociétés d'Afrique du Nord

Les scènes de l'Afrique du Nord sont fondamentalement aussi différentes que ses sociétés, offrant un mélange d'extravagance vérifiable et de miracle régulier qui charme le cœur et le cerveau.

• Source du désert de Siwa , Égypte : Installée dans le désert occidental, la source du désert de Siwa est un refuge de vieilles forêts d'oliviers, de palmiers et de sources complètement claires. Cette source lointaine du désert n'est pas seulement une retraite caractéristique, mais aussi une retraite sociale, abritant le public Siwi et une riche histoire qui inclut le prophète d'Amon, visité par Alexandre l'Incomparable.

• Le désert du Sahara, Maroc : au-delà des souks bruyants et des zones urbaines animées, se trouve la sérénité du désert du Sahara. Une balade à dos de chameau dans les collines de l'Erg Chebbi ou de l'Erg Chigaga offre une expérience extraordinaire sous les étoiles, où la quiétude du désert en dit long.

• Djenné , Mali : Abritant la Mosquée Incomparable de Djenné , le plus grand bâtiment en blocs de terre crue du monde, Djenné est une ville vérifiable qui a su suivre son héritage social et son ingénierie. Son marché du lundi, un événement social qui attire des particuliers de partout dans le district, est une vitrine dynamique de la diversité sociale du Mali.

| 4 |

Les Amériques : un voyage à travers l'inexploré

Les Amériques, qui s'étendent des scènes glaciales du Froid jusqu'aux pointes sud de la Patagonie, offrent une variété ahurissante de rencontres aux explorateurs à la recherche de voies plus insolites. Cette partie enquête sur les lieux archéologiques secrets de l'Amérique du Sud, les scènes sauvages et immaculées de l'Amérique du Nord et les escapades mystérieuses de Focal America et des Caraïbes, chaque lieu offrant son propre mélange exceptionnel d'expérience, de culture et d'excellence normale.

5.1 Les lieux archéologiques secrets d'Amérique du Sud

L'Amérique du Sud, un continent riche en histoire et en culture, abrite une partie des plus grandes fortunes archéologiques du monde, dont un nombre important se trouvent au-delà des sentiers reconnaissables.

• Choquequirao , Pérou : Souvent désignée comme la « ville sœur » du Machu Picchu, Choquequirao est une ville inca moins populaire qui offre un regard extraordinaire sur le passé, sans les groupes. Ouvert simplement par un voyage difficile, sa région lointaine et ses superbes perspectives sur la vallée d'Apurimac en font un projet rémunérateur pour ceux qui l'embrassent.

• Tiwanaku , Bolivie : Située à proximité du lac Titicaca, Tiwanaku est une ancienne ville dont l'origine remonte à avant le royaume inca. Ses vestiges, dont le célèbre Passage du Soleil, offrent une fenêtre sur un développement qui a prospéré bien avant l'apparition des Européens dans les Amériques. Les conceptions solides et les sculptures déroutantes du site restent un sujet d'intérêt et un secret.

• San Agustín, Colombie : Installée dans les régions inférieures des Andes, San Agustín abrite au nord de 500 sculptures et modèles solides datant du premier au huitième siècle. Ce site du patrimoine mondial de l'UNESCO offre une connaissance remarquable des conceptions strictes et sociales d'une culture précolombienne, avec ses figures de pierre énigmatiques surveillant les mystères d'un progrès humain perdu.

5.2 Les scènes sauvages et immaculées d'Amérique du Nord

Les immenses scènes de l'Amérique du Nord sont une démonstration des merveilles normales de la masse continentale, offrant des régions sauvages immaculées qui séduisent les âmes courageuses.

• Parc public des Monts Torngat , Canada : au nord du Labrador se trouve le parc public des Monts Torngat , une scène difficile où les ours polaires serpentent et les aurores boréales dansent dans le ciel. L'excellence lointaine de la zone de loisirs et son importance surnaturelle pour le public inuit en font un lieu de miracle normal.

• Limit Waters Kayak Region Wild, États-Unis : S'étendant le long de la ligne entre le Minnesota et le Canada, la Limit Waters Kayak Region Wild propose plus de 1 000 000 de sections de terres remplies de ruisseaux et de forêts parfaites. Ses lacs et ruisseaux séparés offrent une chance inégalée de pagayer, de pêcher et de s'associer à la nature de manière paisible et isolée.

• Vallée de la Destruction, Dominique : totalement indépendante de son homonyme caribéen, la Vallée de la Dévastation de la Dominique est une scène volcanique de mares de boue bouillonnantes, de fumerolles et d'aquifères naturels. L'ascension de ce territoire surnaturel offre une expérience exceptionnelle, bouclant la boucle dans les eaux apaisantes du Lac Bubbling, l'un des plus grands aquifères souterrains du monde.

5.3 Les escapades mystérieuses de Focal America et des Caraïbes

Les scènes tropicales de Focal America et des Caraïbes cachent divers endroits déconnectés où les voyageurs peuvent découvrir l'excellence habituelle de la région et les sociétés énergiques des essaims de touristes.

• Little Corn Island, Nicaragua : Loin de l'agitation de la vie dans la région centrale, Little Corn Island est un paradis de rivages de sable blanc, d'eaux complètement claires et de somptueuses forêts tropicales. Sans aucun véhicule autorisé sur l'île, c'est un refuge pour ceux qui recherchent l'harmonie et une véritable ambiance caribéenne.

• Semuc Champey, Guatemala : Caché quelque part dans la nature sauvage du Guatemala, Semuc Champey est une étendue de calcaire caractéristique qui traverse une voie navigable, créant une progression de piscines turquoise choquantes. La région lointaine et l'excursion à travers des paysages riches en font une pause surnaturelle pour les amoureux de la nature.

• Saba, Antilles néerlandaises : Souvent négligée par ses voisines plus populaires, Saba est une île volcanique qui s'élève abruptement depuis la mer. Connu sous le nom de « le souverain intact » des Caraïbes, son territoire accidenté abrite des sentiers d'escalade remarquables, divers systèmes biologiques et les récifs coralliens les mieux préservés de la région.

| 5 |

Océanie : à la découverte de l'inexploré

L'Océanie, immense territoire de la mer Pacifique parsemé d'îles, offre probablement les scènes les plus différentes et les plus époustouflantes au monde. De l'arrière-pays sauvage de l'Australie à l'excellence tranquille des montagnes et des fjords de Nouvelle-Zélande, en passant par les îles immaculées et lointaines du Pacifique, ce segment enquête sur les rues les plus inconnues qui mènent à des révélations étonnantes.

6.1 L'Outback australien et l'oubli des rivages

L'Australie, un pays connu pour ses différences indéniables et ses merveilles normales, accueille les fanfarons pour explorer son cœur et ses rivages, où l'essence de la magnificence du continent et l'âme de la nature sauvage sont tangibles.

• Le Kimberley, Australie occidentale : Le Kimberley est l'un des derniers boondocks sauvages d'Australie, connu pour ses magnifiques cascades, ses profonds canyons et l'ancien Fumble Mishandle Reach. Parcourir cette scène isolée, que ce soit en 4x4 , à pied ou au moyen d'un magnifique vol, offre un regard extraordinaire sur la magnificence dure du pays et l'héritage autochtone.

• Cape York Promontory, Queensland : Pour ceux qui sont capables de gérer cette excursion difficile, Cape York Landmass offre une expérience probablement l'un des endroits les plus immaculés d'Australie. De la terre rouge de l'outback aux riches forêts tropicales et aux rivages impeccables, c'est là que vous pouvez véritablement vous détacher et vous immerger dans le monde normal.

• Kangaroo Island, Australie du Sud : Souvent négligée par d'autres endroits populaires, Kangaroo Island est un refuge pour une vie sauvage et une beauté naturelle. Avec ses développements en pierre exceptionnels, similaires à ceux de Momentous Rocks et de Naval Commanders Curve, sa vie sauvage locale comprenant des kangourous, des koalas et des phoques, et une scène gastronomique et viticole de quartier florissante, c'est un microcosme des différentes attractions de l'Australie.

6.2 Les merveilles normales les moins populaires de Nouvelle-Zélande

La Nouvelle-Zélande, connue sous le nom d'Aotearoa, l'endroit connu pour son long nuage blanc, est une nation où la splendeur de la nature est pleinement exposée, de l'île du Nord à l'île du Sud, offrant une excursion dans des scènes qui inspirent l'étourdissement et la tranquillité.

• The Catlins, Île du Sud : La région des Catlins offre une expérience sauvage et isolée, avec ses rivages sauvages, ses forêts épaisses et ses cascades secrètes. Les caractéristiques incluent Chunk Point avec sa balise remarquable et les bois gelés de Doodad Narrows. C'est là que les expériences de la vie naturelle, notamment celles des pingouins et des lions de mer, s'ajoutent à la magie de l'enquête.

• Circuit Nord de Tongariro, Île du Nord : Bien que la traversée enneigée de Tongariro soit remarquable, le Circuit Nord complet offre un saut plus profond dans le cœur volcanique de l'Île du Nord. Cette ascension de plusieurs jours emmène les globe-trotters le long de lacs émeraude, de volcans dynamiques et de remarquables clairières enneigées , offrant une expérience difficile mais rémunératrice.

• Île Stewart/ Rakiura : Souvent manquée par les visiteurs néo-zélandais, l'île Stewart offre une chance inégalée de rencontrer la nature sauvage de la Nouvelle-Zélande. Avec ses nombreux oiseaux, dont le kiwi, que l'on peut voir directement chez soi, et le Rakiura Track, l'une des promenades extraordinaires de Nouvelle-Zélande, c'est un refuge pour les amoureux de la nature et ceux qui recherchent l'isolement.

6.3 Les domaines étranges des îles du Pacifique

Les îles du Pacifique, disséminées comme des joyaux dans une mer immense, abritent des sociétés saturées de coutumes et des îles d'une magnificence immaculée, offrant des évasions tranquilles et des entreprises dans une mesure équivalente.

• Les Îles Salomon : Avec leur riche histoire de la Seconde Guerre mondiale, leurs récifs coralliens animés et leurs épaisses étendues sauvages, les Îles Salomon restent généralement hors du radar des voyageurs standards. Les îles offrent des portes incroyablement ouvertes pour la plongée, le surf et l'inondation sociale, donnant un bref aperçu d'un style de vie qui est resté inchangé pendant assez longtemps.

• Île de Tanna au Vanuatu : L'île de Tanna est célèbre pour le mont Yasur, l'un des volcans dynamiques les plus ouverts au monde. Au-delà de la fontaine de magma liquide, les villes traditionnelles de Tanna, les magnifiques plages et l'énigmatique Blue Cavern offrent une compréhension plus profonde de la beauté naturelle et de la richesse sociale de Vanuatu.

• Les Îles Cook : Bien que Rarotonga soit la plus visitée des Îles Cook, les îles extérieures offrent un paradis immaculé. L'étang de marée d'Aitutaki, l'un des plus magnifiques de la planète, ainsi que la splendeur intacte et la vieille culture polynésienne d'Atiu, ne sont qu'un échantillon de la tranquillité et de l'expérience que l'on attend de ce paradis du Pacifique.

Conclusion : Réfléchir sur un chemin inexploré

Au fur et à mesure que notre excursion à travers les pages de ce livre arrive à son terme, nous finissons par rester au bord d'innombrables rues plus insolites, chacune séduisante par l'engagement de merveilles inédites et de révélations individuelles. Des trésors improbables de l'Europe de l'Est aux îles tranquilles du Pacifique, ce chemin peu familier nous a offert un bref aperçu du cœur des différentes scènes et sociétés de notre planète. Cela nous a montré qu'au-delà des horizons reconnaissables des objections très foulées se trouve un monde débordant d'expérience, prêt à être exploré par ceux qui tentent courageusement de s'égarer dans une direction inattendue.

Le fond de l'enquête

L'enquête ne concerne pas seulement les objections que nous visitons ; à propos de l'excursion à l'intérieur de nous-mêmes qui se déroule au fur et à mesure que nous traversons ces chemins obscurs. Il s'agit de la force que nous trouvons face aux difficultés, de l'humilité que nous apprenons à la vue de sociétés et de chroniques immensément uniques par rapport aux nôtres, et du sentiment de miracle qui se rallume en nous lorsque nous faisons l'expérience des merveilles régulières et créées par l'homme. notre réalité.

Un appel à l'expérience

Ce livre est un appel à l'expérience – un point de référence pour ceux qui aspirent à se libérer des impératifs de la routine et à partir en excursion de révélation. C'est un défi de s'éloigner des interruptions avancées et du tumulte de la vie quotidienne régulière, de retrouver le confort dans l'isolement du désert, la splendeur des vestiges anciens ou la quiétude d'un bord d'océan immaculé. C'est une mise à jour selon laquelle le monde est immense, ses secrets variés et son excellence illimitée, attendant ceux qui ont la force mentale de les rechercher.

Créer des souvenirs et construire des échafaudages

Les voies les plus rares ne sont pas de simples cours sur guide ; ce sont les histoires que nous transmettrons avec nous longtemps après que nos pas se soient brouillés. Ce sont les souvenirs qui nous feront du bien à l'intérieur et les exemples qui façonneront nos points de vue. En choisissant la direction la moins courante, nous trouvons notre environnement général et créons d'autres associations avec les individus que nous rencontrons en cours de route, construisant des extensions de compréhension et de camaraderie à travers les cloisons de la langue, de la culture et de la géologie.

L'excursion incessante

En fermant ce livre, puissiez-vous le considérer non comme une fin mais plutôt comme le début de votre propre étrange excursion. Puissent les objections et les rencontres relatées dans ces pages vous motiver à rassembler vos sacs, à attacher vos bottes et à vous lancer dans une entreprise qui vous mènera vers le monde caché et inexploré. Gardez à l'esprit que les excursions les plus marquantes sont celles qui nous changent, nous laissant perpétuellement différents par l'excellence et la variété du monde que nous partageons.

Embrassez l'excursion qui vous attend

De cette façon, aux esprits courageux qui espèrent vraiment des rivages lointains et aux personnes qui recherchent l'enchantement qui se trouve juste au-delà, acceptez l'excursion qui vous attend. Laissez l'intérêt être votre boussole et le courage votre aide lorsque vous vous engagez dans une direction moins courante. Car c'est ainsi que se trouve la véritable substance de l'investigation et que se conçoivent les meilleures expériences.

Annexes

Les suppléments agissent comme une aide et un atout utiles pour ceux qui sont prêts à partir en excursion vers les zones les plus rares de la planète. Ici, vous trouverez des conseils pour partir dans une direction inattendue et des atouts pour une enquête plus approfondie, garantissant que vous êtes exceptionnel pour les expériences à venir.

8.1 Conseils pratiques pour voyager hors des sentiers battus

- Faites des recherches approfondies : avant de partir, recherchez votre destination pour obtenir des informations sur les coutumes locales, la météo et les éventuels conseils aux voyageurs. Recherchez des blogs ou des forums où les voyageurs partagent des expériences directes.
- Voyagez léger : n'emportez que ce dont vous avez besoin, en vous concentrant sur des vêtements polyvalents et des équipements essentiels. Un sac plus léger signifie une mobilité plus facile sur divers terrains.
- Apprenez des phrases de base : connaître des phrases de base dans la langue locale peut grandement améliorer votre expérience de voyage, facilitant ainsi la connexion avec les habitants et la navigation dans des zones inconnues.
- Adoptez la flexibilité : voyager hors des sentiers battus nécessite souvent de la flexibilité. Soyez ouvert aux changements de plans en raison de la météo, des événements locaux ou des opportunités d'expériences uniques.
- Restez en sécurité : informez toujours quelqu'un de votre itinéraire et enregistrez-vous régulièrement. Investissez dans une bonne police d'assurance voyage qui couvre les activités que vous envisagez d'entreprendre.

- Soutenez les locaux : dans la mesure du possible, choisissez un hébergement local, mangez dans des restaurants locaux et engagez des guides locaux. Il enrichit votre expérience de voyage et contribue à l'économie locale.
- Leave No Trace : Respectez l'environnement naturel et les cultures locales. Minimisez votre impact en suivant les principes Leave No Trace et les directives locales.

8.2 Ressources pour une exploration plus approfondie

- Livres et guides : recherchez des livres et des guides de voyage dédiés aux destinations hors des sentiers battus. La série « Hors des sentiers battus » de Lonely Planet offre un aperçu de domaines moins connus.
- Forums et blogs en ligne : des plateformes telles que TripAdvisor, les forums Lonely Planet et les blogs de voyage peuvent fournir des informations précieuses et actualisées provenant d'autres voyageurs.
- Programmes d'échange culturel : des programmes comme Workaway et WWOOF offrent des opportunités de travailler et de vivre avec des locaux, offrant une perspective unique sur la vie locale.
- Outils d'apprentissage des langues : des applications comme Duolingo et Babbel peuvent vous aider à apprendre des phrases de base et bien plus encore, améliorant ainsi la communication avec les locaux.
- Informations sur la sécurité et la santé : des sites Web tels que les CDC (Centers for Disease Control and Prevention) et l'OMS (Organisation mondiale de la santé) fournissent des conseils de santé et des recommandations de vaccination aux voyageurs.
- Offices de tourisme locaux : de nombreuses destinations disposent de sites Web touristiques officiels contenant des ressources pour les visiteurs, notamment des informations sur les attractions, l'hébergement et les coutumes locales.

- Outils de navigation : des applications telles que Google Maps et Maps.me proposent des cartes téléchargeables pour une utilisation hors ligne, ce qui peut s'avérer inestimable dans les zones où l'accès à Internet est limité.

www.ingramcontent.com/pod-product-compliance
Lightning Source LLC
Chambersburg PA
CBHW020845150726
48196CB00002B/229